A LAS ÓRDENES DEL VIENTO
ANTOLOGÍA

A LAS ÓRDENES DEL VIENTO
ANTOLOGÍA

RAQUEL LANSEROS

SELECCIÓN Y PRÓLOGO DE PAULA BOZALONGO

Número 6 de la Colección VALPARAÍSO DE POESÍA
dirigida por JAVIER BOZALONGO

Diseño de portada y maquetación: Chari Nogales
Fotografía de portada: Javier Galán

Primera edición: octubre 2012
Segunda edición ampliada: abril de 2015

C/ Profesor García Gómez, 6, 1º 18004 Granada
www.valparaisoediciones.es

ISBN: 978-84-943756-3-7
Depósito Legal: GR-535-2015
Impreso en España - *Printed in Spain*
Gráficas Gami

NOTA A LA SEGUNDA EDICIÓN

"La poesía de Raquel Lanseros se viste con una voz valiente y personal que persigue lo inalcanzable, por difícil que pueda parecer".

Con esta frase termina el prólogo de la primera edición de *A las órdenes del viento*, antología publicada en octubre de dos mil doce en esta misma colección. Dos años y medio después el tiempo y la obra de Raquel nos dan la razón al comprobar que su voz se mantiene firme como demuestran los poemas de *Las pequeñas espinas son pequeñas* (Hiperión, 2013, Premio Jaén de poesía) incluidos en este volumen, así como en los poemas hasta ahora inéditos que como *Obra última* la propia autora ha seleccionado para esta ocasión. Raquel Lanseros es una poeta que vive en el presente sin renunciar a todo lo aprendido y a todo lo leído, y sus referencias a la familia, a la historia o a los poetas a quienes admira son prueba de ello; y desde esa tradición continúa firme, denunciando con ímpetu lo que nos rodea y no comparte, tal como ella misma dice en estos versos: "Sigo aquí. Mi papel / de testigo me sigue complaciendo", o en estos otros del poema "Himno a la claridad": "Me pongo por testigo en esta hora, / cuando la lluvia lava más que riega / y los libros liberan más que nutren".

Desde la continuidad de una obra bien construida a lo largo de años y libros —"Las cuentas son exactas: yo soy el resultado"— Raquel llega a un momento de su obra poética desde el que seguir avanzando, "encendiendo caminos" y defendiendo todo aquello en lo que cree, que no es ni más ni menos que su propia libertad, la que reside en lo más íntimo de cada uno de nosotros y nadie podrá arrebatarnos o comprar: "De la piel hacia adentro nunca serán dueños". De ahí en adelante solo nos queda crecer sin perder un ápice de curiosidad por lo que ha de venir, buscando en cada acto, en cada verso, la intensidad que siempre trae la vida:

Que nada nos detenga. La llamada
del infinito debe obedecerse.
Soberana inquietud que nos animas,
enséñanos a merecer el néctar
de estos días que nos tocan. Muéstranos
un modo de luchar contra el vacío
de este dulce interludio. Que la fe
en la alegría posible no abandone
ni la razón despierta ni el recuerdo.

PRÓLOGO

CON UNA ÚNICA VIDA NUNCA ES SUFICIENTE

"Un poema es una persona desnuda", dijo Bob Dylan. Raquel Lanseros (Jerez de la Frontera, 1973) empezó a construir un hogar para todas las personas en las que vive. Como todos los hogares, sus poemas saben que necesitan tiempo y las dosis de las que disponemos están ya medidas: veinticuatro horas al día, siete días a la semana, unos treinta poemas por libro. No está de la misma manera establecido cómo guardar todo lo que el presente fue una vez, y Raquel lo guarda en una casa, construyendo con su poesía un espacio de convivencia para generaciones, sentimientos, historias que vivió o le contaron. Conoce ya la autora la seguridad de las cosas que se saben mutables, no están hechas de piedra sus paredes y en cada palabra sus poemas aciertan, se equivocan, rectifican, huyen y quieren volver, aman o mueren. El tiempo es un espacio amplio que podemos recorrer en los ojos de otros pero vivir solo en nosotros mismos: el tiempo de Raquel es una casa con las puertas abiertas.

A menudo los días tienden a suceder en el pasado.
Sin embargo, la noche
tiende a amar sobre todo
a aquellos que construyen
su casa en el presente.

Por eso sus poemas no tienen secretos, titubean a veces, no lo esconden, vuelven al primer libro buscando la virtud ingenua de los primeros pasos, o viven al final habiendo disfrutado del trayecto. No son una excepción los autores que no quieren saber nada de sus inicios poéticos, pero eso no sucede con nuestra autora, que vive día a día su recorrido desde *Leyendas del Promontorio* (2005) hasta *Croniria* (2009) con paradas en los andenes de *Diario de un destello* (2006), *La acacia roja* (2008) —a modo de antología de los dos primeros poemarios—, y *Los ojos de la niebla* (2008). La poesía está en todos y el tiempo ahora es siempre.

Cada versión distinta de sí misma
que otras manos le han ido regalando
es una muestra de todas las vidas
que a Juana le han cabido en una vida.

Así concluye el poema "Doña Juana" (*Diario de un destello*), una de las primeras vidas ajenas de Raquel Lanseros. Sin caer en un lenguaje culturalista, repleto de datos y de las verdades absolutas que cuentan las estadísticas, intuyendo el futuro o sentenciando el pasado, hay poemas de Raquel que nos prestan unos ojos para mirar en nuestra propia experiencia, como cuando Yago Bazal siente "el cansancio plomizo y demacrado / de una lucha sin plazo", o cuando Beatriz Orieta "siente de veras que otro mundo la mira". Podemos entonces imaginarnos como un hombre en mil novecientos treinta y nueve o como una maestra en un colegio de los años cuarenta, estamos en la piel desde la que escribe Raquel, un lugar de observación incansable en el que ser todos en un solo hogar hace de la suya una poesía generosa, ser una sola voz en todos la muestra valiente, y ser lectores nos hace cómplices.

En todos los sujetos poéticos, hombres o mujeres, hay siempre una voz femenina que sin necesitar banderas no renuncia nunca a su libertad, sea él o ella: Yago, Juana o Beatriz, y sin darnos cuenta estamos de repente viviendo como ellos en una realidad sin batallas, viviendo mejor o peor en nuestras propias convicciones, siempre dispuestos a cambiar pero no por eso temblando. Apuesta por todas las mujeres libres desde una voz sin género en las letras, pero siempre mujer. Mario Vargas Llosa definió la ficción como "disidente de la vida diaria" y es en la narratividad de los personajes de Raquel donde se vive el mundo que la poeta imagina, sin sentencias ni consejos, desde la propia carne de cada una de las personas que saltan entre las páginas de sus poemarios, creando la realidad que transforma el lenguaje. Si pudo Don Juan apostar todo su reino por un segundo de ojos infinitos, puede Doña Juana amar en un cuerpo a todos los hombres, tal como puede Eurídice tener ganas de haber nacido Orfeo. Son posibilidades que explora Raquel Lanseros cuando "feminiza algunos personajes de la mitología occidental" instalándolos en una realidad en la que tal vez quisieron vivir.

Aunque he cambiado mucho de color
sigo siendo camaleón
                    y no rama.

Paciente e insaciable, la voz de Raquel Lanseros explora lo cotidiano sin más verdad que lo aprendido. Entre sus páginas sentimos la muerte, el erotismo, la juventud o el paso del tiempo con la sinceridad de quien sabe que comparte la experiencia que pudo vivir cualquiera con la inspiración que le tocó vivir a ella, desde la posición agradecida de sentirse llamada por la poesía sin poder precisar muy bien en qué momento ella la eligió, si acaso eso pasó.

No hay engaño. El jueves diecinueve
era un jueves sin ti. Estaba escrito
mucho antes que las lágrimas
anunciasen el fin
y todo fin es único.

Estos temas, los de siempre que nunca antes pudieron verse con la mirada de ahora, son un punto en común con otros autores con los cuales Raquel participa en *Poesía ante la incertidumbre. Nuevos poetas en español.* Todos ellos coinciden: "La emoción no puede estar de moda. La emoción es universal e intemporal. Y la poesía tiene que emocionar." Embarcada en este proyecto, la poesía de Raquel Lanseros sigue viajando por todo el mundo (la antología mencionada cuenta ya con ediciones en El Salvador, Colombia, Argentina, Perú, Chile, Nicaragua y México) y con ella su voz sigue creciendo en cada viaje, en cada vuelta a casa, en cada decisión, con poemas que han surgido después de la publicación de *Croniria* y que se recogen al final de esta selección.

Es un buen momento además para recuperar los poemas de *Leyendas del Promontorio*, así como para disfrutar de los resultados de las invocaciones que Raquel Lanseros hacía en *Diario de un destello*: "Huya yo del realismo encorsetado. / Consérvense en mis labios las canciones, / muchas y muy ruidosas y con muchos acordes". Por suerte y gracias a su dedicación, las plegarias fueron atendidas, y llegaron las canciones de Raquel en *Los ojos de la niebla* dando vida a la mina más linda, al hombre que aprende a volar, a la mujer sin nombre, al que espera o pasea por Manhattan, a Beatriz Orieta y a todos los poemas de este libro unidos por una misma piel que es, a pesar del tiempo, cada vez más firme, ahora que está segura de que no es inmortal. Esa seguridad la lleva sin tregua a querer abarcar todo el tiempo del mundo, todo el que cabe en *Croniria*, y no es poco: el de Bécquer con los Rolling Stones, el del 22 de febrero de Machado, el de la celebración de Calixto y Melibea, e incluso el tiempo necesario para aprender que solo "quien lo ha perdido todo varias veces / reconoce el honor de una derrota". Es *Croniria* el mundo de los sueños cumplidos de la voz de Raquel Lanseros, una muestra de la evolución de esta poeta hasta un momento sin duda dulce que comparte siempre con nosotros.

Un poema es una persona desnuda, dijo Bob Dylan. La poesía de Raquel Lanseros se viste con una voz valiente y personal que persigue lo inalcanzable, por difícil que pueda parecer: "Me habría gustado amarte. Te lo juro. / Sólo que muchas veces la voluntad no basta."

PAULA BOZALONGO

LEYENDAS DEL PROMONTORIO
(2005)

EL HOMBRE QUE ESPERA

Una vez más remueve
el poso del café la cucharilla triste.
Diez dedos bailotean en la mesa del bar
un tango a media luz con el olvido.
Está solo, cansado,
sentado entre una multitud ajena
que lo mira sin verlo.
Un anillo de oro gastado por los años
es el único rastro de brillo que le queda.

La pasión una vez le estalló entre las manos.
Y perdió la esperanza en los abismos
de un corazón humano.

No hay desdicha que le haya sido ajena.
No existe humillación que desconozca.
Es por eso que sabe hablar de amor.
Es por eso que espera.

KEEP ALIVE

Solíamos recitar
movidos de igual modo
por la desesperanza y la esperanza
nuestra larga guirnalda de deseos.
   See you soon. Keep alive.
   A presto, principessa.
   Me quedo en tu recuerdo.
Pensábamos así
conjurar las flaquezas del destino.
No es una empresa fácil prepararse
para la dura gesta
          contra el paso del tiempo.
Mantente vivo, Ulises
no importa lo que ocurra.
Cuando soplen los vientos
feroces en tu nuca
y abofeteen las velas.
Cuando Circe te mire
y tus sueños más blancos
se conviertan en cerdos.
Quiero que sólo pienses en mantenerte vivo.
Más allá del olvido y más allá
                    de la vida también.

Hasta la próxima conjunción de astros.
Hasta que seamos Ítaca.

ROYAN, LE QUATORZE JUILLET 1989

Je t'aime era una estatua
un cruce de caminos por el que circulaban
la sofisticación y la vanguardia.

Je t'aime aterrizó esa noche en mi vida.
Puedo rememorar
          aquel sabor vehemente de fonemas
                              latiéndome en los labios.
Aconteció el verano y se vistió de palabras francesas.

El boulevard del pueblo estaba engalanado
de escarapelas hasta el borde del mar
y una pequeña orquesta celebraba
aquel bicentenario de la Revolución.

Qué libres nos sentimos al besarnos
en el mismo momento que hace doscientos años
la esperanza tomara la Bastilla.

Aunque la libertad, ya sabes, es razón relativa:
siempre tenemos menos que nuestros propios sueños
y sin lugar a dudas mucho más
                                        que cuando ellos soñaron.

LA NATURALEZA INCONSISTENTE DEL ARDOR

¿Existe algo más frágil que el entusiasmo humano?
    Llega el verano al alma.
    La tarde es un espejo.
Se iluminan las manos y el corazón del hombre.
Un fuego reavivado lo transforma en gigante,
un dios omnipotente que reina sobre el mundo.
    La criatura perfecta sin fisuras.
    Y esa sed de volar…

Pero el viento del norte siempre vuelve a soplar.
Resulta inevitable.
Desnudo, abandonado por su viejo entusiasmo
el hombre es muy pequeño.
Huérfano de sí mismo, reedita sus temores
ubica por tamaños todas sus pretensiones.
Y se convence que, después de todo,
quizás el infinito no merezca la pena
            y las uvas ansiadas estén verdes.

DIARIO DE UN DESTELLO
(2006)

YAGO BAZAL SE DEJA VER DOS HORAS

La luna nueva late dentro del corazón
de un hombre declarado clandestino.
   Es una noche oscura como un crimen.
Yago Bazal avanza monte abajo
entre sombras azules que susurran su historia.

Porque los ideales se volvieron ceniza
hace tiempo que Yago no hace fuego.
Así,
va dejando jirones de sus mejores sueños
    en las plateadas jaras a su paso.

Lo recuerda muy bien.

Un búho reconoce el rostro tenso
a veces decidido a rebelarse
contra quienes lo excluyen de los seres humanos
aunque otras veces también muestra, de pronto,
el cansancio plomizo y demacrado
de una lucha sin plazo.

     Hay pocos camaradas
     y mucha escarcha rota.

No es la palabra frío la que agrieta la cara
ni amorata los dedos en las botas deshechas.
    Es el frío de verdad.
Es el frío espeso

de esta primera Navidad después de la derrota
pegándosele al cuerpo igual que una serpiente.

En la guerra Yago había odiado las palabras.
   Podía notar el pulso
      tibio como la tierra
         en las letras de sangre.
Sin embargo, ahora sabe
que no son las palabras quienes matan.
   Cada letra es un pez en el océano,
   un árbol florecido,
pero hay labios que usan las palabras
como se usa una ametralladora.

Fuera se han encendido
las farolas ausentes de la calle.

   Mientras,
   suspira muy despacio.
   El frío le acompaña como entonces.
Si cierra bien los ojos fatigados
Yago se puede ver
   trepando el muro de su propia huerta
      acallando a sus perros
         penetrando furtivo en su mísera casa
                                                            de trigo húmedo y ajo.
Aún puede oír el sollozo desvalido
de la mujer que ama
al verlo tan delgado y polvoriento.

Todas las noches Yago vuelve a huir monte arriba

con pocas provisiones y un beso triste quemándole los labios
con los ojos perdidos de los hombres
cuyo futuro ha sido demolido.

Todos nosotros somos ahora y para siempre
las pisadas de Yago contra la piedra helada,
yo soy el pan callado de aquella Nochebuena,
tú eres la luna oscura que le ayuda a esconderse.

Y hoy es mil novecientos treinta y nueve.

DOÑA JUANA

A todas las mujeres libres

El amor toma formas caprichosas.
  Algunas veces, el amor es la lluvia
    fina e imperceptible
      que acompaña las tardes oscuras de noviembre.
El amor como un viaje a lo desconocido,
a lo más inquietante de nuestra propia esencia,
                                        es un viaje de ida.
Eso Juana lo sabe.

También conoce el riesgo porque ha visto
el abismo insondable que se extiende
justo donde comienza el desamor.
    No le importa reptar a trozos el camino
    a cambio de sentir como muy pocos
    la libertad auténtica.

Por eso,
Juana hace llorar y también llora
            lágrimas plateadas que sueñan con delfines.

Es capaz de apostar todo su reino
por un segundo de ojos infinitos
por una fusión lenta de su alma
                en medio de las almas.
Dulce refugio contra la tormenta,
en el cuerpo de un hombre ama a todos los hombres.

Al final del camino, está segura
de que ha ganado siempre
las cosas que ha perdido.
   Cada versión distinta de sí misma
   que otras manos le han ido regalando
   es una muestra de todas las vidas
                                        que a Juana le han cabido en una vida.

LIMITACIONES DEL MIMETISMO

Aunque he cambiado mucho de color
sigo siendo camaleón
                    y no rama.

INVOCACIÓN

Que no crezca jamás en mis entrañas
esa calma aparente llamada escepticismo.
Huya yo del resabio,
del cinismo,
de la imparcialidad de hombros encogidos.
Crea yo siempre en la vida
crea yo siempre
en las mil infinitas posibilidades.
Engáñenme los cantos de sirenas,
tenga mi alma siempre un pellizco de ingenua.
Que nunca se parezca mi epidermis
a la piel de un paquidermo inconmovible,
helado.
Llore yo todavía
por sueños imposibles
por amores prohibidos
por fantasías de niña hechas añicos.
Huya yo del realismo encorsetado.
Consérvense en mis labios las canciones,
muchas y muy ruidosas y con muchos acordes.

Por si vinieran tiempos de silencio.

EN OCASIÓN DE TODOS LOS FINALES

Yo nunca resistí las despedidas
con su mezcla de muerte y precipicio
con el aroma amargo de la finitud
empalagando el ánimo
con esa luz de hielo matutino
que penetra debajo de los párpados.

Yo nunca resistí las despedidas
pero no sé por qué.
Me lo pregunto porque no ha supuesto
una sorpresa súbita casi ninguna de ellas.
He solido saber
con esa exactitud de los relojes
el lugar, el momento
la documentación y el escenario
en que sobrevinieron.

No hay engaño. El jueves diecinueve
era un jueves sin ti. Estaba escrito
mucho antes que las lágrimas
anunciasen el fin
y todo fin es único.

Las despedidas son como el otoño
inevitables pérdidas
vienen puntuales con aviso previo.
Nadie puede acusar de su tristeza

a la pequeña hoja tiritando dormida
                    en medio del camino.

De repente esa hoja me recuerda
los hoteles pintados de naranja.
Son dos cosas que llegan de otra época
                    igual que llega la bruma de noviembre.
Traen una carga de nostalgia limpia
sin traición ni sorpresa.
    Y sin embargo el alma
    no logra acostumbrarse en una vida.

Yo nunca resistí las despedidas
porque en cada una de ellas se marchita la voz
de todas las personas que yo he sido
                    y ya no puedo ser.

LOS OJOS DE LA NIEBLA
(2008)

UN JOVEN POETA RECUERDA A SU PADRE

Ahora ya sé que pasé por tu vida
como pasan los ríos debajo de los puentes
indiferentes, turbios, orgullosos
con la trivialidad desdibujada
de las pequeñas cosas que parecen eternas.

Muchas veces lo obvio
se oculta tras un halo de extrañeza
tras la costumbre lenta, indistinguible
del aura fugitiva de las vivencias únicas.

Es difícil saber
que la belleza abrupta del vivir cotidiano
tan desinteresada de sí misma
nacida sin clamor ni pretensiones
es en esencia tan mágica y rotunda
que resulta imposible de imitar a propósito.

Y es aún más difícil
comprender que la fiesta de las cosas sencillas
casi siempre termina
mucho antes que la voluntad del festejado.

Inmóvil vi pasar ante mis ojos
el desfile callado de tu vida
con tus sueños cansados en otoño
tus alegrías de puertas para adentro
y tus desvelos discretamente cálidos.

Creo acertar si digo
que nunca te di nada que no fuese
un préstamo a mí mismo.
Te pedí, sin embargo, tantas cosas.

Hoy, inmóvil de nuevo, asisto inerme
a este desfile amargo de tu ausencia
mientras mi corazón, dividido y atónito,
comienza a descubrir, como el poeta,
que la vida va en serio.

Te recuerdo. Hace frío.
Y el frío me devuelve
aquella forma tuya tan sutil
de ofrecerme a la vez un corazón errante
la suerte en un casino de Las Vegas
la lluvia en el desierto
los versos de Machado en un suburbio.

Ahora ya sé que pasé por tu vida
indolente y confiado, sin asombro,
como suelen vivir todos los hombres
que no conocen todavía la pérdida.

LA MUJER HERIDA

Solamente si alguna vez amaste
con uñas y con dientes
sin red
sin salvavidas,
aciertes a entender el vértigo insondable
que se extiende a los pies del desengaño.

Ella creyó encontrar la fuente del principio
cuando lo conoció, en medio de la tierra,
sin más escudo que su piel de hombre
bruñida por el sol igual que el oro viejo.
Lo amó sin precipicios ni preguntas
tiernamente, en silencio,
con esa gratitud voluptuosa
que provoca la lluvia en primavera.

Todo era tan sencillo.
Los versos plateados de poetas infinitos
parecían seguirla a todas partes,
como si el corazón se hubiera convertido
en un fiel animal domesticado.

Porque no existe nada que dure eternamente,
una noche aprendió, como tantos lo hicieran
antes y después de ella,
que el amor es un río con cataratas propias
y remansos ajenos
que siempre desemboca en el océano.

Míralo de este modo: la vida te ha enseñado,
siguiendo su costumbre de incansable maestra,
    cómo el alma dibuja
        serenas cicatrices sobre viejas heridas.

EL HOMBRE CASADO

Tu recuerdo regresa con olor a verano
en las noches más bellas, cuando cesa el rugido
y el mundo se disfraza de sí mismo.
Entonces el silencio
vuelve a depositarme en tus brazos de vidrio
entre tu pecho exiguo
—talismán fugitivo contra el miedo—
y tus palabras líquidas.

Besarte fue encontrar un diccionario
cuyas palabras tienen
la forma de tus labios
y yacen suspendidas en el aire
como pájaros blancos derramados
sobre una playa ausente.

Después, amarte fue
sumergir nuestros cuerpos hermosamente libres
en las aguas azules de El Dorado.

Alguien, en cualquier parte
está en este momento pronunciando tu nombre,
recorriendo tu espalda con el índice
mientras mira tu espejo
que le devuelve versos de sosiego doméstico.

A veces, la alegría
puede ser un hallazgo
          extrañamente triste.

LA MUJER SIN NOMBRE
(O EURÍDICE REVISITADA)

Como nunca llegué a saber su nombre,
nunca pude llamarla. Sin embargo,
la buscaba en las sombras de su calle
como un río desbordado
busca la paz del mar en su fractura.

Algunas veces lentas
la estreché entre mis brazos
con la emoción despierta de quien roza la luna
con dedos temblorosos y sonámbulos.
La luna es porcelana, pero late.

Como nunca llegué a saber su nombre,
no pude dedicarle este poema.
La seguí solamente hasta una playa
donde el mar abandona
restos de sueños rotos
y añicos de palabras.

No importa adonde vayas. La distancia no importa.
Cruzaré las llanuras en tu busca.
Te seguiré sediento más allá de la vida.

Como nunca llegué a saber su nombre,
derramé mi pasión en una carta
que no tuvo jamás destinatario.
Un día se marchó sin hacer ruido

por la puerta de atrás, como suelen marcharse
las personas que adoran el silencio
y los buenos actores secundarios.

Puede una mordedura de serpiente
más que un amor rotundo,
apilado con mimo frente a los huracanes,
esgrimido feroz como un escudo
contra el vano capricho del destino.
Y al final puede más
una sola serpiente.

A pesar del abismo del deseo,
hoy he de confesar
que jamás he llegado a intentar un rescate
azaroso y tozudo, cruzando las tinieblas.

Será que sólo tengo
un jardín de palabras unidas a un puñado
de buenas intenciones.
Y unas ganas frustradas de haber nacido Orfeo.

EL HOMBRE OLVIDADO

El olvido está lleno de memoria

MARIO BENEDETTI

Cuando cierran los bares y dios es un recuerdo
que se mide por litros
una silueta oscura se desliza despacio
entre los callejones
sucios y abandonados
que las lenguas de mar impregnan de salitre.

Una vez aprendió
en este mismo puerto, mosaico de gaviotas
y de sueños mojados en aceite
el calor que desprenden nuestras ganas
cuando la madrugada
es aún una promesa
y el mundo tiene forma de camino.

El olvido está lleno de memoria. La memoria
se levanta en sus hombros
como una estatua triste
en nombre del olvido.

La ciudad orgullosa le da la espalda al tiempo.
Hay iglesias de cúpulas en llamas
gimiendo con sonidos de otra época.
Las campanadas son

las lágrimas del viento.
Porque nadie recuerda el esplendor perdido.

Solamente la sombra
de un hombre solitario que pasea
esparce en las aceras las historias saladas
de lejanos crepúsculos y antiguos marineros.
Aquellos días,
altivo se supuso
el heredero único de las cosas visibles
el muelle, las tabernas,
las plazas encendidas,
los retazos de mar,
la paz de las acacias,
las leyendas de sal y de ladrillo.

Cuando el viento responde a los suspiros
es hora de alejarse
cantaba en el oído
de una mujer dorada como el barro.

El amor era entonces un billete de ida.

Hoy el fuego no existe. Hace ya mucho tiempo
su cuerpo y su sonrisa
se hicieron invisibles
a los ojos ajenos.

Hay un momento breve que separa
el brillo de la vida
de la existencia opaca de minutos idénticos.

Puede que sea el olvido,
mientras sus ojos turbios regresan del pasado,
el lugar donde vive la memoria.

LA MUJER INSOPORTABLEMENTE LEVE

Tenía dieciséis años, -iba yo relatando-,
cuando cayó en mis manos un libro de Kundera,
La insoportable levedad del ser.
Un título vibrante y asombroso
como un arcón repleto de tesoros.

Mientras,
tú me escuchabas
con esas dos ventanas abiertas en la cara
que siempre fueron ojos y camino.
[El tren se iba adentrando por la costa
buscando siempre el Sur]

¿Creerás, —yo proseguía—, que en aquellos momentos
yo soñaba con ser
Sabina la sensual,
Sabina eterna amante condenada
a abandonar todos los hombres que ama?

Tú asentías sonriendo con tus ojos de estrella
como si no pudiese haber ningún resquicio en mí
que tú no imaginaras,
que tú no conocieras.

[El tren y los andenes intercambian viajeros
buscando siempre el Sur]

Más tarde me di cuenta, —continué yo diciendo—,
que un pequeño detalle, —¿debo decir defecto?—,
me arrastra sin remedio
muy lejos de Sabina.
Me guste o no, yo soy
        un animal sensible
                que nunca ha conseguido enfria su corazón.

        Tú arqueas la sonrisa en connivencia.
        [El tren nos deposita en la estación minúscula
        que está mirando al Sur]

Recuérdame, si un día
el destino me cruza con Kundera,
abonarle con creces
                tanta declaración de amor a dúo.

LA MINA MÁS LINDA

Dentro de tus poemas flotaba su elegancia.
Bailando entre los versos la mina más hermosa
de todo el repertorio sentía que tenía
espacio para estirar las piernas,
aire para llenar de vaho
el folio en blanco y negro.
En su cuerpo de tinta anidaban las notas
de tu bandoneón.

Hay noches solitarias, frías como reptiles,
en las que ya no quieres
fingir que has olvidado que también fuiste joven.
Entonces tratas
de besar en la boca las letras de tus tangos
por si tus labios ávidos le rozasen la espalda
mientras se contonea
a la luz de un farol.

Se te olvida
que la mina más linda sabe mucho del mundo,
que Gardel es un ángel mirándote a los ojos,
que un tango sólo es bello sin un final feliz.

EL HOMBRE QUE APRENDE A VOLAR

Mi abuelo, paso a paso, a espaldas de mi padre,
ya me lo había advertido con palabras
dulcemente pesadas en su esencia
de palomas extrañas sobrevolando el ánimo.
Y también con sonrisas socarronas.

Ser adulto, tesoro, puede ser una forma
de encajar en un todo previamente dispuesto
para ser uniforme, para dar apariencia
de funcionalidad bien consentida
igual que cada piedra de un callejón antiguo
escrupulosamente adoquinado.

Así que fui creciendo en la creencia
de la felicidad de los adultos
en su papel callado de adoquines diversos,
cada uno sustentando con su esfuerzo
un trozo desigual de pavimento.

Una vez conocí
un hombre que dejó su confortable asiento,
sus fronteras vacías, su afán domesticado,
su agujero caliente de adoquín satisfecho.
Y no le importó el frío.
Huyó una primavera roja como cualquiera,
cuando son los almendros
la promesa nevada del futuro
cuando los quinceañeros

aprenden en las sombras de los parques
la diferencia entre cóncavo y convexo.
Dicen que tomó un tren
que iba rumbo hacia el mar.
Nunca lo volví a ver.

Una vez conocí
un hombre que había oído hablar del otro hombre.
Según dijeron, iba recorriendo
el puerto somnoliento
de una vieja ciudad.
Lo vieron discutiendo con el Tiempo.
Llévatelo ya todo, le gritaba,
al fin y al cabo todo ha sido siempre tuyo.
Y contaron que el Tiempo se alejó sonriendo.

A menudo los días tienden a suceder en el pasado.
Sin embargo, la noche
tiende a amar sobre todo
a aquellos que construyen
su casa en el presente.

EL HOMBRE QUE PASEA POR MANHATTAN

El viento de diciembre columpia en la distancia
el esqueleto frío de los árboles.
Central Park susurra un villancico
enigmático como tres puntos suspensivos.
Manhattan se maquilla en los espejos
y viste de alegría su silueta lasciva
de mujer veinteañera,
bella hasta la herida y caprichosa.

Mientras,
él intenta despacio adivinar
en qué bando milita esa mano que late
hundida en el bolsillo
al ritmo del semáforo de la quinta avenida.

Nueva York es un niño henchido de futuro.
Solamente en Manhattan puedes sentir los labios
del ombligo del mundo besándote en la boca.

Después,
puede que la ciudad
vuelva a desvanecerse igual que un espejismo.

Él observa despacio
la escarcha a las orillas del río Hudson.
Cada gota de hielo
contiene la grandeza de un deseo.

De repente recuerda
un cuadro de De Kooning.
Ocurre algunas veces:
la realidad y el arte anudan sus extremos.

Existen lluvias grises y océanos celestes,
palabras y desiertos. Del mismo modo que
el cielo y el infierno están aquí y ahora.

Tan sólo hay que aprender a distinguirlos.

BEATRIZ ORIETA
MAESTRA NACIONAL (1919-1945)

Los niños corren y saltan a la comba.
Beatriz Orieta pasea junto a Dante
sorteando los pupitres
[en medio del camino de la vida...]
Tiene litros de frío mojándole la espalda.
    Apenas pueden nada contra él
los míseros tizones del brasero oxidado.

Entran al aula los gritos infantiles,
    huelen a tos y a hambre.
Algunas veces,
Beatriz Orieta casi no contiene
                                        las ganas de llorar
y mira las caritas sucias afanándose
en recordar las tildes de las palabras llanas.

Prosigue Dante todo el día musitando
en el oído de Beatriz Orieta
[...amor que mueve el sol y las estrellas]

            Ella siente de veras
que otro mundo la mira
        al lado de este mundo gris y parco.

    Contra el lejano sol
del lejano crepúsculo
dos amantes se miran a los ojos.

Beatriz Orieta está
apoyada en su hombro.
Los álamos susurran las palabras de Dante.
Los amantes son túneles de luz
a través de la niebla.
Los besos, amapolas
de un cuadro de Van Gogh.

Pasa el invierno lento como pasa un poema.

Pasan el frío andrajoso, la fiebre y el esputo
y toman posesión del blanco cuerpo
igual que las hormigas invadiendo
esas migas de pan abandonadas.

Sesenta años después, entre las ruinas verdes
leo un *descanse en paz* envejecido
sobre la tumba de Beatriz Orieta.

El silencio es de mármol.
El silencio
es la respuesta de todas las preguntas.

Unos metros más lejos, hace sólo dos años
yace también el hombre
que, apoyado en el hombro de Beatriz Orieta,
dibujó un corazón sobre un tiempo de hiel.

¿Qué más puedo decir?
Que la vida separa a los amantes
ya lo dijo Prévert.

Pero a veces la muerte
vuelve a acercar los labios
de los que un día se amaron.

CRONIRIA
(2009)

A LAS ÓRDENES DEL VIENTO

Para todos los que sienten
que no están al mando

Me habría gustado ser discípula de Ícaro.
Hubiera sido hermoso festejar
las bodas de Calixto y Melibea.
Me habría gustado ser
un hitita ante la reina Nefertari
el joven Werther en Río de Janeiro
la deslumbrante dama sevillana
por la que Don José rechazó a Carmen.

Yo quisiera haber sido el huerto del poeta
con su verde árbol y su pozo blanco
el inspector fiscal
con el que conversara Maiakovski.

Me habría gustado amarte. Te lo juro.

Sólo que muchas veces la voluntad no basta.

BELLO CON ALMA

Casi todas las cosas las sabías
querido cuerpo mío
frágil lente de fuego.

Casi todas las cosas que he aprendido
me las anticipaste
con un temblor ligero
con una obcecación inexplicable
con el ánimo huidizo de las nubes
con un festín de ganas.

Lástima de certeza inadvertida.

Cuánto esfuerzo de análisis
qué dura disección de la existencia
para que el algoritmo de la razón arroje
al fin, en fin, por fin
un resultado idéntico
al fruto de la piel.

Sabiduría instintiva de la usanza
código secular de la epidermis
acerca a mí tu cáliz.

BLUES HORIZONTAL

I went to the crossroad
fell down on my knees

ROBERT JOHNSON

La cama es una astilla de horizonte.
Todo lo vivo cabe entre sus márgenes.
Nos vienen a parir aquí, tumbadas boca arriba
empujando el presente para hacernos un hueco.
Yo también volveré. Un día claro, sin manchas,
me tumbaré sobre ella para siempre.

Dejadme antes tan sólo anotar este blues en mi cuaderno.
El blues, igual que el sexo
comienza en alfa y termina en omega.

Al fin y al cabo, yo misma seré el buitre
que sobrevuela en círculo mi propio cadáver.

ENTONCES ME BESASTE

Por celebrar el cuerpo, tan hecho de presente
por estirar sus márgenes y unirlos
                                        al círculo infinito de la savia
nos buscamos a tientas los contornos
para fundir la piel deshabitada
                                        con el rumor sagrado de la vida.

Tú me miras colmado de cuanto forja el goce,
volcándome la sangre hacia el origen
y las ganas tomadas hasta el fondo.

No existe conjunción más verdadera
ni mayor claridad en la sustancia
                                        de que estamos creados.

Esta fusión bendita hecha de entrañas,
la arteria permanente de la estirpe.

Sólo quien ha besado sabe que es inmortal.

BENDITA ALEGRÍA

Te confunden con otras, alegría:
ingenuidad, simpleza,
    candidez,
        inocencia.
Te subestiman con diminutivos
  sucedáneo de la felicidad
    eterna hermana pobre de la euforia.

Parecen no acordarse de la helada rutina,
      cuando las insistencias se vacían de sangre
      y el espanto aprisiona como un despeñadero.

No recojas el guante, te lo ruego,
olvida el desafío que lanza la ignorancia.
No nos dejes perdidos en medio de qué océano,
sin tu luz, alegría,
          la de las manos anchas
          la que convierte el alma en lugar habitable.

Desatiende el rumor de las trincheras,
la retórica vana de los oportunistas.
Tú eres el destilado de libertad más único,
el orgasmo espontáneo del espíritu.

Bienhallada alegría
    la pura de sabor
    la complaciente
tú que vives y reinas en el tuétano limpio

ahora y en el albor de toda hora
quédate con nosotros.

HIT THE ROAD, JACK

La autopista es el tiempo que tarda en convertirse
el principio en el término.
Entretanto en el día que me quieras.

No se pisan jamás las mismas huellas
—Heráclito dijo algo parecido—
sin embargo conducen al lugar donde estamos.

Nunca le tengas miedo al horizonte
no hay placer más sabroso que el trayecto.
Acepta el pan servido en cualquier parte
disfruta del asilo que te ofrezcan
pero ten preparadas las maletas.

Aprende por tu bien el arte de marcharte
siempre un segundo antes de que te hayan echado.

BÉCQUER Y EL ROCK AND ROLL

I know it's only rock'n'roll
But I like it

THE ROLLING STONES

Tú también has tenido doce años.
Tú también reconoces
el temblor de la piel abriéndose camino.
Has vivido el incendio de los ojos
que ven la intensidad por vez primera.

Es invierno. Mis dedos infantiles
empujan su avidez contra un poema.
Detrás está un muchacho con perilla
y ojos interminables de soñador sensual.
Las palabras me trepan por el pecho
como hormigas hambrientas...
De pronto, un golpe seco
dentro de la conciencia.
Igual que cuando escucho un rock'n'roll.

La región más extensa de significado.
Poesía es lo contrario de la muerte.
Esta certeza súbita de lo desconocido.

Quizá sea solamente rock'n'roll.
Pero me gusta.

QUÉ HAGO SIN TI

Ya no estás
en un día futuro
no sabré dónde vives
con quién
ni si te acuerdas.

IDEA VILARIÑO

Existen bosques blancos donde llueven ahoras
y las promesas corren en busca de una sombra.
Mi canción ha nacido en uno de esos bosques.

Allí leones de sangre acuden en verano
para amarse al amparo del misterio.
No hay nada más allá de aquellos árboles.
En los linderos ha acampado el tiempo
bajo un cielo siniestro de estrellas apagadas.

Al final del poema yo voy a hundir las manos en la ciénaga.
Siempre hace frío cuando el corazón
ya no tiene un motivo para despeñarse.

Quizá tiemble. Tal vez
busque incansablemente la palabra precisa.
Y todo será en vano. No hay salida.

La verdad se ha marchado tras tus pasos.

A PROPÓSITO DE EROS

De todas las terrenas servidumbres
que aprisionan mi afán en esta cárcel
me confieso deudora de la carne
y de todos sus íntimos vaivenes
que me hacen más feliz
y menos libre.

A veces, sin embargo,
la esclavitud se muestra soberana
y me siento señora del destino.
Porque sé amar, porque probé la fruta
y no maldije nunca su sabor agridulce,
porque puedo ofrecer mi corazón intacto
si el camino se digna requerirlo,
porque resisto en pie, con humilde firmeza,
el rigor de este fuego que enloquece.

En este fragor mudo en el que todos somos
rufianes, vagabundos, desposeídos y presos
no existen vencedores ni vencidos
y mañana no arrienda la ganancia de ayer.

Que no entre en la batalla quien sucumba
ante el rencor pequeño de las humillaciones.
Sabed, son necesarias descomunales dosis
de grandeza de espíritu y coraje
en las lides calladas de la pasión humana.

La recompensa, en cambio, es sustanciosa.
  Ser súbdito tan sólo de la naturaleza,
    no temer a la muerte ni al olvido,
    no aceptarle a la vida una limosna,
    no conformarse con menos que todo.

IN NOMINE LIBERTATIS

Si es verdad que el rencor
desgasta y envejece lentamente
        con su rumor callado de piedra de molino
apuesto por ser joven ahora y siempre.

Mi casa está vacía
        de chivos expiatorios y culpables.
Acumulo tan sólo
el valor necesario para seguir viviendo
bajo la protección de la alegría.

No me he inclinado nunca por el ánimo fácil
de tomar y obligar. Incluso lo pequeño
se me ha antojado siempre un mecanismo frágil
                                        con más de una respuesta.

En mi alcoba no reinan
prohibiciones ni leyes. Mi palabra
es un patio sin llave
donde es bien recibido quien aprecie
la sombra de una higuera y un vaso de buen vino.

No frecuento los presos ni los jueces.
Sentencias y dictámenes les dejo
a aquellos que no dudan. Yo sólo estoy segura
que amo la libertad y sus orillas.

Cuando falte, buscadme entre las alas
de un pájaro que escapa del invierno.
Con las manos vacías se hace mejor camino.
No me pesan los créditos. En este mundo nuestro
toda deuda es de juego.

TRADICIÓN ORAL

Me gusta amarte hincada de rodillas.
Aquí, tan desde abajo, tan cerca de la tierra
relamo el palpitar de tu cuidado
y centro mi delicia en el transcurso.

No es de extrañar que el mundo sea redondo.
¿Qué forma iba a adoptar, sino la de mi boca?

SOBRE UNA CAMA HELADA

No es invisible el modo
en que ya no te busco,
ni esta manera nueva, sin fe ni mediodía
de llovernos despacio, como gotas de hielo
de no ceder un palmo en medio del tornado.

El olvido es azul. Nunca termina
de convertirse a golpes en sí mismo.
Se mide por ausencias y papeles en blanco.

Tras su paso, el silencio
deja detrás de sí un paisaje de ruinas,
una patria deshecha e inmolada
a los grises fantasmas de la pérdida.

El ánimo rojizo de las uvas maduras
se apodera despacio de la tierra.

Te quise. Me quisiste. Nos quisimos.
Qué fácil es decirlo cuando no queda nada,
cuando ya ni siquiera recordamos
el tacto de los sueños.

Ahora que la memoria se bate en retirada,
vencida y silenciosa
como un niño sin sábado,
lo único perceptible frente a nosotros mismos
es lo que ya no existe.

22 DE FEBRERO

Estos días azules y este sol de la infancia

ANTONIO MACHADO

La poesía es azul
aunque a veces la vistan de luto.
Viento del sur escultor de cipreses
ahoga la tierra honda de dolor y de rabia.

Abel Martín, conciencia en desbandada
pájaro entre dos astros
nombrador primigenio de las cosas.
Juan de Mairena íntegro
espejo limpio donde se refleja
el rostro que tenemos de verdad.

Nos dejaste la vida
la palabra fecunda
la desnudez, la brisa.
Nos dejaste las hojas y el rocío
el mar
las instrucciones
para aprender a andar sobre las aguas.

Y después te marchaste.
Mejor dicho: te echaron a empujones.
Siempre molestan los ángeles perdidos.

Dicen que desde entonces en Collioure
no ha dejado jamás de ser invierno.

CANCIÓN DE LA TRINCHERA

Señor Amor, dueño del cielo y de la tierra
tú que puedes batirnos a tu antojo
sobre el eje inicial de nuestro impulso.
Tú que te enseñoreas sobre todo lo vivo
entretejiendo un atlas de destinos cruzados.
Tú que puedes auparte a tu albedrío
y clavar tu aguijón sobre cualquier entraña.
¿Por qué vuelves a mí? ¿Qué vil capricho?
¿Por qué me arrojas de nuevo tu jauría?

He aquí, amo mío, lo poco que me queda:
mi sosiego de vidrio
la enmienda frágil de una paz absorta
mi mosaico de heridas mal curadas
demasiado recientes para ser cicatrices.

Imploro tu piedad desde mi grieta,
donde se han detenido la memoria y el ánimo.
Piénsalo bien: te costaría muy poco
concederme una bula de misericordia.

Deja a los que me quieren, esta pasión debiera
maldecirme tan sólo a mí, es lo justo.
Ya he visto antes cómo mi avidez arde
en tu hipnótica pira de dios omnipotente.

Descuida, soy sumisa
tu adiestramiento previo ha prosperado:

quien lo ha perdido todo varias veces
reconoce el honor de una derrota.

LAS PEQUEÑAS ESPINAS SON PEQUEÑAS (2013)

CONTIGO

Porque no vive el alma entre las cosas
sino en la acción audaz de descifrarlas,
yo amo la luz hermana que alienta mis sentidos.

Mil veces he deseado averiguar quién soy.

Después de tantos nombres,
de tanta travesía hacia mi propia brújula,
podría abrazar la arena durante varios siglos.
Ver pasar el silencio y seguir abrazándola.

No está en mí la verdad, cada segundo
es un fugaz intento de atrapar lo inasible.
La verdad no está en nadie, y aún más lejos
yace de un rey que de cualquier mendigo.
Si alguien está pensando en perseguirla
no debe olvidar esto:
el fuego ha sido siempre presagio de declive
como la intensidad antesala de olvido.

Cuando mis ojos vuelvan al origen,
pido un último don.
                    Nada más os reclamo.
Poned en mi sepulcro las palabras.
Las que dije mil veces
y las que habría deseado decir al menos una.

Guardad en mi costado las palabras.

Las que usé para amar,
las que aprendí a lo largo del camino,
las primeras que oí de labios de mi madre.

Envolvedme entre ellas sin reparo,
no temáis por su peso.
Pero cuidad con mimo la palabra contigo.
Tratadla con respeto.
Colocadla
        sobre mi corazón.
La verdad no está en nadie, pero acaso
las palabras pudieran engendrarla.

Quizá entonces aquel a quien dije contigo
y para quien contigo fue toda su costumbre,
se acostará a mi lado con ternura,
juntos en el vacío más sagrado,
cuando la eternidad toma nuestra medida,
cuando la eternidad se pronuncia contigo.

RESISTENCIA AL CÁLCULO

Un silencio fecundo de rugidos
acompaña la tarde litoral y nubosa.
Es una playa ilesa del Pacífico.

Manzanillos de agua, heliconias gigantes
meciéndose en la brisa embriagada de nubes.
De repente, el milagro:
dos papagayos rojos
rebasan el umbral de lo posible.

Justo en ese momento
yo soy un marinero de la Santa María
mirando Guanahani desde el mástil.
Yo soy Keats descubriendo
el Homero de Chapman.
Gagarin comprendiendo
la soledad helada del espacio.
Tenochtitlán, Numancia,
Troya llorando a Héctor,
un órdago de Dios,
Edmund Dantès al viento.

Soy el roce de dos ramas resecas
que encendieron un fuego primitivo.

Es fácil de entender si sales de tu nombre.

En la Tierra el misterio.

Yo he venido
a ser ola a la vez que miro el mar.

COMPATRIOTA DE LOS ROBLES

¿Cómo estarás ahora sin que nadie te abrigue?
Tú que tanto temías al invierno,
a las mesas sin carne
y a la guardia civil.

He pensado mil veces escribirte.
A veces no encontraba la palabra nostalgia,
otras, me equivocaba al deletrear las señas.

Duele el dolor, decías, pero si uno es valiente
las pequeñas espinas son pequeñas.
Tenías razón. La vida
con sus prohibido-el-paso y sus pasen-y-vean
es hermosa como una novia al alba.
Esta mañana he visto las nubes erizarse
al cruzar —encendidas— el prado de las mulas.

Pienso en tus ojos largos, en todo lo que vieron.
Mujeres que ya eran ancianas hace un siglo.
Un gramófono. El viento
desde el puerto de Ceuta.
La Habana previa al Che. Y los reales de plata.

Pienso en tus días de lumbre. Necesito que sepas
que no olvido la alcoba de tu silencio abierto.
En ella yo reposo.
En ella vivo.

HACIA LA LUZ

Tu nombre es una isla y en tu cuerpo
la fruta es de varón, dulce collado.

Ya no te escondas. Ven, que me atenaza
el rumbo ciego de esta tentativa.
Soñadores simétricos dentro de la llanura
cuya existencia inventa el sueño ajeno.
Haz y envés del destino,
mitades incendiadas por un impulso fértil.

Llega por fin, mira cómo te busco
                                        en esta momentánea eternidad.
Quiero guardar el hoy como se guarda
un templo piedra a piedra.
No me importa esperar: soy la creación.
No me importa luchar: soy la creadora.

Cuando te encuentre morirá la muerte.

LA MOSCA

Esa mosca que animosa surca
la somnolencia del final de agosto,
explora, busca, indaga, curiosea,
revolotea vivaz, encauzada al sustento,
vuelve de escudriñar,
tan otra y tan la misma.

Esa mosca que apenas vivió ayer ni alcanzará el otoño,
cuya sombra es fugaz y su predio el ahora,
infatigable aliento su forzosa inconsciencia,
sutil tenacidad tras la ley de la vida.

Esa mosca que indolente se posa
-en un frágil descuido del destino-
sobre mi muslo al sol, mientras mi mano
duda si molestarse en ahuyentarla,
olvidar su ajetreo o acallar su existencia.

Esa mosca soy yo
y mi mano es el tiempo.

VILLANCICO REMOTO

Hubo un tiempo en que el musgo estuvo entre
mis manos.
Acercaos...
parecía murmurar en las rocas.
El verde intenso es siempre guardián de la alegría.
Dicen que el musgo duele y acaso eso sea cierto
pero en la infancia el frío todavía no existe.

Yo tuve un cielo claro de abuelos y de estrellas,
una casa en solsticio y un jardín en el alma.
Con musgo construimos la noche más extensa
mientras el río y la nieve celebraban sus bodas.

Cómo no iba a dejarme hechizar por el fuego,
irrepetido siempre aunque en el mismo sitio.
Los ancianos del pueblo rememoraban cantos
tan hondos que sanaban a fuerza de ser tristes.

Ya no queda la escarcha ni el musgo ni el solsticio.
La claridad precisa del río es un relámpago.
Cuántas veces la vida cambia hogar por sendero,
como niño por hombre y sonido por ruido.
Ahora comprendo el tacto implacable del frío,
reconozco el peor: el que hiela por dentro.

Bajo las noches largas del filo de diciembre
sigo buscando el musgo que me devuelva a casa.

AL CALOR DE UN ÁNGEL

Tengo los mismos años que vivió García Lorca
  trece menos que Rilke
    dos más que Pizarnik
      tres menos que Pavese.
Un año más que Whitman cantándose a sí mismo.

Sigo aquí. Mi papel
de testigo me sigue complaciendo.

Podría entonar antífonas solemnes.
Decir: cosecha,
            sangre,
                fuerza,
                    cosmos,
                        patria.

Me habían dicho que un día sería grande.
Pero de estas cenizas nadie me había hablado.
No morir. ¿Cómo se hace?
¿Con honra? ¿Con ejemplo?
¿Con la imaginación?
          ¿Con la memoria?

Quiero estar a tu lado en el crepúsculo.
Nunca cerrar los ojos. Recordarte.
Que me abracen tus alas.
Que tu sal en mi pecho
no haya cárcel ni enfermedad ni reyes
    capaces de robármela.

ARITMÉTICA

Lo que quiero que sea
lo que es
lo que pudo haber sido
lo que nunca será
lo que fue y lo que era
lo que pudiera ser
lo que querré algún día que haya sido
lo que quise que fuera
lo que a pesar de mí se obstina en ser
lo que siempre soñé que fuese un día.

Las cuentas son exactas:
yo soy el resultado.

HIMNO A LA CLARIDAD

A cambio de mi vida nada acepto.
¿Qué se puede ofrecer que valga más
que el calor de la llama, que la espiga
convocada a ser grano, que la noche
que dentro ya contiene el joven día?

Escucho mis pisadas sobre el suelo.
A lo lejos, alguien también las oye.
Tañido lastimero de campanas
en su oído. Eco de brasas tiernas
en el mío, que todavía es temprano
y en el cuerpo palpita el pulso errante.

Me pongo por testigo en esta hora,
cuando la lluvia lava más que riega
y los libros liberan más que nutren.

¿A qué esperáis? Encended los caminos,
que empapen bien los ojos. Recorredlos
mientras haya una lumbre en los pulmones,
mientras un niño aguarde su ocasión
de convertirse en hombre, mientras verbos
de orígenes distantes desemboquen
en una voz unida, mientras reinen
las noches que nos prenden, abrazad
el destello arcilloso de la tierra
que es nuestro hogar común,
el verdadero.

A cambio de mi vida nada acepto,
aunque sepa —muy mal que me pese—
que no siempre es el justo el encumbrado.
La luz es un oficio fugitivo,
impenitente en su aversión al óxido.

Aun así, yo me aferro a esta urdimbre,
a esta pila de huesos que me suman,
a este rayo en proceso, presentido
en su persecución de lo inefable.
La profecía acampa frente al cielo
con los párpados tersos y se afana
en avanzar en base a lo avanzado.

Que nada nos detenga. La llamada
del infinito debe obedecerse.
Soberana inquietud que nos animas,
enséñanos a merecer el néctar
de estos días que nos tocan. Muéstranos
un modo de luchar contra el vacío
de este dulce interludio. Que la fe
en la alegría posible no abandone
ni la razón despierta ni el recuerdo.

Sé que tengo sentido porque vivo,
y sé que no hay dolor ni menoscabo
que puedan inmolar esta fortuna
de ser en el presente, de existir,
de sentirme el orfebre del instante.

Yo soy mi propio riesgo. Doy por cierta
la sed de infinitud que me espolea.
Ante el placer de respirar me postro.

No hay verdad más profunda que la vida.

OBRA ÚLTIMA

EL DESLUMBRAMIENTO

Un día futuro, en un lugar cualquiera,
un hombre solo mirará hacia el cielo.
Igual que miles de millones antes
(si es que el antes y el después existen).

El ábside de luces suspendidas
le empujará tal vez a preguntarse:
¿De qué sirve este cielo que es testigo
y es rama y es raíz y es profecía?
¿Por qué este mar de brillos se empeña en existir?
¿Tiene reloj la vida? ¿O es la vida
el motor del reloj?

En el vacío despierto de partículas
que juegan a construirse y a construirme
yo soy una mitad, un pétalo, una uña,
un pequeño accidente,
                    un gran acierto
de este largo silencio alborotado.

Y el cosmos, llamarada de unidad diversa,
impasible lo oirá (o tal vez no lo oiga)
y seguirá girando, gravitando, alejándose,
cumpliendo su deber de eternidad.

EN MI HAMBRE MANDO YO

La pobreza
rinde al papel de bestias humilladas,
afanosas de pan, enfebrecidas
                    por amasar un ápice
                              de la moneda injusta.

Los poderosos pugnan
por domeñar propósitos.
Es una de las muchas potestades
  que otorga el capital y su ponzoña,
  además de un larvado tedio gris
                    casi siempre tendente hacia el sarcasmo.

Pero una cosa es cierta: los pobres están vivos.
Y decir vida es decir grande y pequeño.
Que se enteren Nerón, Daisy Buchanan,
Midas y Mefistófeles: no todo está a la venta.

De la piel hacia adentro nunca serán dueños.

LA CADENA

Finjamos que no soy quien digo serme.
Pongámonos a hacer suposiciones.
¿Qué tengo yo de mí?
                    ¿Y de ti, tú que tienes?
No es fácil de explicar, pero un humano
es una breve frase de una conversación
que vaya usted a saber quiénes mantienen.

Y como toda frase,
muere casi al nacer, impulso efímero.
Se marchita veloz al roce con el aire,
apenas tiene tiempo de afirmarse,
de decir, por ejemplo:
esto habría que cambiarlo
o bien
quiero imitar el canto de ese pájaro.

Es tarde ya, el calor
                    presente e inmediato
habla ya de repente de otra cosa
en una ciudad nueva o quizás en la misma
con otras ropas, con distinto acento.

La conversación sigue, eterna e insistente.
Pero ya no te veo. Y yo tampoco estoy.
¿Cómo saber entonces quién ha muerto?

CARPE PRAESENTEM

Vivir es un presente inacabado
un suave sinsentido consintiendo.
El recuerdo del fuego cuando el fuego
ya no es tizón ni brasa ni rescoldo.
Saber que existe una segunda fecha
y no concebir más que la primera.
El origen importa sobre todo:
la nube, la semilla
el manantial, el nido, los cimientos
volver a procurar
recién abrirse
imitar el ocaso
tratar de ser quien somos un segundo
ensayar las palabras, refugiarse
tras su inmediata luz
                    sonoridad ausente una vez dichas.
La muerte se conjura pronunciando
así, diciendo nombres:
Santiago
Elena
Julia
Estefanía
repitiendo los nombres contra el cieno
Nieves
Carmen
Gregorio
Laureano
Di tu nombre en voz alta.

Obliga a tu garganta a ser la vida.
Antes de que las hojas oculten la tierra.
Antes de que el destino cicatrice.

ÍNDICE

CRONIRIA (2009)

LAS PEQUEÑAS ESPINAS SON PEQUEÑAS (2013)

OBRA ÚLTIMA

A las órdenes del viento. Antología
(Segunda edición ampliada)
de Raquel Lanseros,
número 6 de la Colección Valparaíso de Poesía
se terminó de imprimir
en los Talleres Gami de Granada
el 15 de abril
de 2015.